L'APPEL AU PEUPLE,

OU

L'ACCENT DE LA VÉRITÉ

SUR UN

ÉMINENT PERSONNAGE.

Puer, nimium ne crede colori.

Par V.-R. BARBET.

PRIX : 1 FR. 25 C.

A PARIS,

Chez
L'Auteur, rue Jacob, N°. 5, faubourg S.-Germain.
Mme. CELI, Libraire, tenant Cabinet littéraire, rue du Cherche-Midi.
DELAUNAY, Libraire, 2e. galerie de bois;
LAVOCAT, 1re. galerie, N°. 196;
PONTHIEU, 1re. galerie, N°. 201;
PELICIER, galerie des Offices, 1re. cour;
} Palais-Royal.
MONGIE, Libraire, boulevard Poissonnière, N°. 18.

Mars 1820.

DELAGUETTE, Imprimeur, rue Saint-Merry, N°. 22,
à Paris.

L'APPEL AU PEUPLE,

OU

L'ACCENT DE LA VÉRITÉ

SUR UN ÉMINENT PERSONNAGE.

Puer, nimium ne crede colori.

L'APPEL au peuple ! Ce titre est un cri d'alarmes. Autrefois, comme un effrayant tocsin, il appela tout un peuple égaré à la destruction du trône et de l'autel ; il fut le signal de la profanation des tombes sacrées ; enfin il tint lieu d'écho aux vociférations féroces qui se faisaient entendre autour de ces échaffauds où des hécatombes de proscrits se renouvelaient chaque jour.

Tels furent les résultats de *l'appel au peuple* fait il y a trente ans par d'imprudens idéologues, qui voulurent faire sur la plus noble nation de l'Europe l'essai de leurs vagues abstractions. Ce fut ainsi que des métaphysiciens obscurs et des pamphlétaires jusqu'alors ignorés, échangèrent contre la pourpre consulaire leur manteau cynique, et bouleversèrent tout sur le sol et dans les lois de leur patrie, pour trouver au milieu des ruines, des débris et du tumulte, l'impunité d'anciens forfaits et la gloire honteuse de nouveaux crimes.

L'appel au peuple ! Que d'infortunes privées, et de malheurs publics; que de meurtres et de massacres ; que de sacrilèges et de blasphêmes ; enfin , que de ténèbres et de confusion toutes les révolutions populaires ont attachés à ce seul titre ! Il semble le pétillement de la flamme qui s'élance en tourbillons épais pour étendre ses ravages dans une vaste circonférence.

Trente années de calamités ne devraient-elles pas avoir enfin *dépopularisé* ce cri de ralliement de l'hypocrite popularité.

L'expérience la plus longue et la plus funeste ne doit-elle pas nous avoir fait connaître combien est féconde en orages cette idéologie sur laquelle soufle sans cesse le vent des passions ambitieuses.

On dirait que des mains factieuses veulent relancer aujourd'hui le vaisseau de l'état dans cet océan sans limites, où les tempêtes et les terribles ouragans font leur résidence habituelle.

Des tourbillons de pamphlétaires s'élevant du sein de cette fange où vingt-cinq ans de crimes ont déposé leur limon pestilentiel , apparaissent de nouveau sur notre horison , et leurs lugubres croassemens portent le trouble et l'effroi dans nos villes et nos campagnes.

N'osant reprendre leurs anciens titres d'*amis du peuple* , ils rougissent de leur propre origine. Aussi, au lieu de *Jacobins* , nous avons des

Libéraux, et les vieux *Cordeliers* ont fait place aux modernes *Indépendans*.

La raison déifiée a cessé d'être la patrone du parti ; mais ils érigent des autels en plein vent à une *Minerve* d'une moderne création. C'est en l'invoquant qu'ils écrivent ces feuilles sybilliques, où l'on rappelle tous les anciens souvenirs, pour ranimer tous les vieux ressentimens.

Nous ramenant aux principes primitifs, ils ouvrent de nouveau ce cours de théories publiques que commencèrent Loustalot et Syèyes, que continuèrent Danton, Robespierre et Grégoire, et dont un soldat heureux fit la clôture avec ce glaive des combats dont la fortune avait armé son bras audacieux.

Le talisman d'une égalité mensongère est encore aujourd'hui présenté à l'opinion publique que l'on veut séduire.

Ils savent bien, les hypocrites apôtres, que cette égalité, objet éternel de leurs spécieux paradoxes, n'existe pour l'homme que le premier jour de son entrée dans les espaces de la vie sociale.

Alors entièrement nud, sa faiblesse absolue le met à la merci de tous les êtres qui l'environnent : monarques ou bergers, nous naissons tous dans cette égalité de communes misères ; mais bientôt les langes dont on environne le nouveau né, et cette tendresse paternelle qui met tout en mouvement pour satisfaire à ses besoins , deviennent les premiers degrés d'une inégalité progressive, qui n'a plus d'autre terme que la poussière des tombeaux.

Le rôle de tribun populaire n'est jamais usé ; il tient à l'orgueil humain qui est inépuisable. On peut toujours espérer l'assentiment de celui dont on flatte les passions ambitieuses. Lorsqu'on est mécontent de son sort, comment ne pas bénir la main qui nous présente, avec l'urne du sort, l'espoir d'une nouvelle répartition dans les propriétés , les honneurs et les magistratures ? Rien n'est donc plus facile que de remuer les passions de la multitude ; on paraît toujours éloquent aux esprits chagrins , lorsqu'on flatte leur caractère frondeur. Le gouvernement le plus sagement organisé, a des improbateurs parmi ceux dont l'ordre public contrarie les prétentions. N'existait-il pas des factieux et des conspirateurs sous l'administration même du divin Marc-Aurèle ?

J'ose élever courageusement une voix patriotique pour en appeler à la conscience de tous les bons Français : oui, c'est devant le tribunal de l'opinion que j'accuse toutes les menées séditieuses qu'on suscite de toutes parts contre les vues sages d'un gouvernement qui veut enfin donner des bases fixes à nos institutions et fermer pour jamais le gouffre de la révolution. C'est vous à qui je m'adresse, hommes sages, pacifiques pères de familles, dont la modération fait l'espoir de la patrie dans nos récentes alarmes.

Depuis trente ans n'êtes-vous pas fatigués de cette longue période de révolutions diverses, où d'infortunes réelles succèdent à de vagues abstractions, où les plus brillantes chimères font place aux plus honteux résultats? Hélas! n'avons-nous pas été enivrés de tous les prestiges de la souverainneté populaire, et n'avons-nous pas incliné nos têtes sous le joug de l'oppression la plus abjecte et lá plus féroce? N'avons-nous pas, à la suite d'un audacieux conquérant, couvert l'Europe de nos trophées, et l'Europe n'a-t-elle pas été refoulée sur nous pour nous écraser sous son poids colossal? Nous sommes montés en victorieux au capitole, nous avons vu Vienne et Berlin nous ouvrir leurs portes; mais naguères le Prussien, l'Autrichien et le Tartare du Nord, ne campaient-ils pas dans les cours du Louvre?

O vous! qui, cédant à l'expérience de ces calamiteuses vicissitudes, regrettez les heureux loisirs de vos pères, sans vouloir cependant renoncer à ces droits sacrés dont vous avez retrouvé les titres au milieu de tant de ruines et de débris; ralliez-vous autour d'un prince altéré de vos bénédictions : dédaignant d'être le roi d'un parti, il est jaloux de voir toutes les opinions céder à l'influence des lois ; venant à la suite de longues agitations , il semble avoir reçu de la Providence l'auguste et délicate mission d'éteindre tous les ressentimens.

Afin de consacrer la réconciliation de l'âge présent avec le siècle passé, n'a-t-il pas noblement confondu l'héritage qu'il a reçu de ses aucêtres avec celui que la révolution lui a transmis? Voyez comme il s'est empressé d'étendre toutes les garanties royales sur ces intérêts nouveaux que de longs sacrifices rendent si précieux aux yeux de la nation.

Dans les cadres de nos légions , dans l'organisation de nos cours judiciaires , dans l'ensemble des administrations publiques, ne trouverez-vous pas les intérêts de la révolution dominer les souvenirs , les titres et les intérêts qui peuvent appartenir aux institutions de l'ancienne monarchie ? Quelle est la famille plébéienne aujourd'hui qui ne tienne pas par quelques-uns de ses membres soit aux titres de la noblesse , soit aux insignes de la magistrature, soit enfin aux emplois lucratifs de la finance? Enfin, jusque sur les premiers degrés du trône et même dans le cabinet du prince, nous trouvons de nombreux reflets de cette égalité politique que nous avons conquise.

Quel est celui d'entre nous qui puisse désespérer de se voir un jour duc ou comte, ministre ou maître des requêtes, maire ou préfet?

Qu'ils sont populaires, ces privilèges auxquels tous peuvent atteindre !

Mes amis, jamais on n'a crié si haut contre l'arbitraire, et l'insolence de ces cris prouve combien ils sont peu fondés. *Quelle oppression couleur de rose*, que celle où l'on peut insulter ses maîtres et les poursuivre d'accusation en accusation jusque sous l'asile sacré de l'inviolabilité royale !

Quel Séjan débonnaire, que ce ministre que le plus obscur folliculaire peut injurier chaque matin avec impunité ! Il faut avouer que notre bon génie nous a façonné tout exprès le plus facile, le plus aimable et le plus patient des tyrans. Au lieu de cachots, de cours prévôtales, d'exils, de terribles proscriptions, on n'accuse que ses dîners trop nombreux et trop fréquens ; on ne se plaint que de son sourire dont l'affabilité fait ombrage, et de son accessibilité dont la popularité inspire de bien graves inquiétudes. Comment résister *à la douceur* d'une telle férocité ? Il fait rentrer des catégories entières d'exilés ; d'anciens coupables condamnés à mort sont amnistiés ; des contumax attirés par la séduction irrésistible d'une aussi bénigne cruauté, s'empressent de venir se mettre à la merci de cet étrange mangeur d'hommes qui veut les faire tous vivre.

Ha ! le singulier despote qui pèse sur la France !
il est si novice dans son métier , qu'on dirait qu'il
conspire très-sérieusement pour rendre le commerce à son ancienne activité , pour féconder
toutes les voies de la circulation , et pour rendre
l'Europe tributaire de nos manufactures. Quel a
été son dessein dans cette magnifique exposition
au Louvre de tous les chefs-d'œuvre de l'industrie française ? Que se propose-t-il par ce cours
qu'il a fondé auprès du Conservatoire des arts et
métiers ? Est-il extravagant de s'environner dans
son administration des hommes les plus instruits,
des plus riches banquiers et des négocians les
plus accrédités du royaume ? Notre nouveau Séjan
en vérité perd la tête , ou nos pamphletaires
nous trompent bien étrangement à son égard.
S'il est un tyran , on peut dire qu'il l'est pour
nos menus plaisirs. Grand dieu ! son administration forme un singulier contraste avec celle des
Brutus qui l'ont précédé.

Un roi qui gouverne avec un tel ministre , est
certes du sang d'Henri IV.

Courage , sage Sully, courage , ton prince est
à tes côtés pour te soutenir de sa main puissante
contre ces factieux dont tu éclaires les manœuvres
ténébreuses et confonds les coupables espérances.

Il me faut dire quelques mots sur le personnel de ce ministre, dont s'occupent si diversement
les cent bouches de la renommée.

Quelle étrange vicissitude dans nos opinions! nous ne sommes plus au temps où l'impudeur de l'adulation nous conduisait aux pieds d'un ministre en faveur. On dirait que la simarre, par un singulier talisman, s'est changée en cette bandelette d'un sinistre augure dont on décore la victime dévouée avec éclat à un holocauste populaire.

Le concert de tant de clameurs accusatrices, en impose même au sage; il garde le silence, et croit mériter bien du ministre parce qu'il ne joint pas son imprécation à tous ces anathêmes qu'il entend fulminer contre lui.

L'*indépendant* se complaît dans les insultes qu'il prodigue au dépositaire de la puissance royale; le *républicain* croit assurer son triomphe sur la royauté, en attachant ignominieusement au pilori de l'opinion celui que le prince honore de sa confiance intime; le *noble orgueilleux* et *mécontent* espère contraindre le monarque à souscrire à ses ambitieuses prétentions, en avilissant l'éminent dignitaire qu'il a revêtu de son autorité; enfin tous nos étourneaux de collège, qui se regardent comme de graves docteurs en politique, parce qu'ils commencent à balbutier des blasphêmes contre les noms immortels des Ximenès, des Oxenstiern, des Richelieu et des Chatam, se glorifient de leur insolente audace contre le principal ministre. Nouveaux Seméi, ils poursuivent avec des mains pleines de fange l'intime serviteur du roi, qui, pour obéir à son maître, se charge de porter intact au milieu de tant de factions, le délicat fardeau de la fortune publique et des garanties nationales.

M'isolant de tous ces partis, je vais élever une voix courageuse en faveur d'un ministre qui, se résignant à l'ingratitude publique, lutte depuis bientôt cinq ans contre tous les élémens de la discorde, des vengeances privées et des ambitions personnelles.

Je sens déjà mugir contre moi tous les échos d'une opinion abusée. O mes concitoyens ! j'en appelle à l'intimité de vos consciences : la paix qui règne dans vos foyers; cette indépendance de vos opinions dont vous êtes si fiers ; enfin cette protection auguste qui s'étend avec éclat sur tous les produits de votre industrie : telles sont les chances aujourd'hui qui semblent au moins offrir quelqu'apparence de calme et de bonheur.

Je puis donc sans adulation, faire tomber quelques bénédictions sur les pas d'un ministre qui, sourd à toutes les clameurs, s'obstine à nous présenter l'administration la plus patiente, le gouvernement le plus populaire et les institutions les plus fortement liées à la dignité du trône et à la garantie du systême représentatif.

Oui, j'en appelle à toi, peuple français! peuple aussi noble que généreux; cesse pour quelques instans de prêter ton attention séduite à des tribuns sans aveu. Hélas! ils ne cherchent qu'à jeter dans tes rangs les germes d'une nouvelle révolution dont ils partagent déjà les magnifiques espérances et les chances lucratives. Jette avec moi des rapides regards sur le personnel d'un ministre que tous ces factieux dévouent à tes malédictions...

M. Elie DECAZES, quoiqu'assis sur les premiers degrés du trône, n'a pour aïeux que ses talens. Cependant sa famille, depuis long-temps, occupait le premier rang dans la haute bourgeoisie d'une grande province : ainsi son origine n'est pas plus obscure que celle de Jeannin qui, depuis François Ier. jusqu'à Henri IV, traversa tant de règnes, décoré des titres les plus éminens de la monarchie; elle n'est point inférieure à celle de Clarendon qui, long-temps l'ami et le principal ministre de Charles II, ne parut point indigne de l'éclatant honneur de s'allier à la famille de son prince, en donnant sa fille en mariage à l'héritier présomptif de la couronne (1).

M. Decazes fit son éducation à Vendôme,

---

(1) Le prince d'Yorck, depuis Jacques II.

le collège royal de cette ville jouissant déjà de cette célébrité qui le distingue aujourd'hui par mi toutes les institutions universitaires.

Jamais, depuis sa création, cette école n'avait eu un élève doué d'aussi heureuses dispositions et dont les succès fussent aussi éclatans.

La fin de chaque cours annuel était pour le jeune Decazes une glorieuse moisson de palmes scolastiques.

Il finissait son cours d'humanités, lorsque la guerre civile étendait déjà ses ravages dans les provinces qu'il avait à traverser pour se rendre de Vendôme à Libourne, sa ville natale.

Son professeur de rhétorique (2), qui avait conçu le plus affectueux attachement pour un élève aussi précieux, fit valoir le danger des circonstances, et obtint de la famille la faveur de garder chez lui comme pensionnaire privé le jeune Decazes. Pendant un an, cet intéressant élève continua, sous la direction de son habile professeur, de se perfectionner dans l'étude de la belle latinité.

Enfin de retour à Libourne, l'élève de Vendôme est accueilli de tous ses proches comme devant un jour illustrer une famille à laquelle il apportait déjà les plus brillantes espérances. Ce jeune homme

____

(2) M. Roi, en ce moment directeur des droits-réunis à Vendôme.

apparaissait au milieu des siens comme l'aurore
d'un beau jour.

Son père, ancien jurisconsulte, jouissant de la
confiance publique, lui confie la direction de son
cabinet. Il s'y trouve une affaire contentieuse la
plus compliquée et que les meilleurs avocats du
pays n'avaient pu débrouiller. Le jeune homme
la parcourt de ce regard d'aigle qui plane au-
dessus de toutes les aspérités ; il en saisit le véritable aperçu, et toutes les difficultés s'évanouissent.

Ce fut alors que la famille crut pouvoir s'abandonner à ses heureux pressentimens. Afin d'ouvrir
une vaste carrière aux brillans talens du jeune
Decazes, il fut décidé de l'envoyer à Paris. Un
de ses oncles le dota de 12,000 fr. de rentes, afin
que les soins d'une fortune à faire ne pussent
ralentir le noble essor que devait prendre l'intéressant jeune homme.

A peine se fut-il produit dans le monde, qu'il
fit la plus vive sensation ; le chef de la magistrature, M. Muraire, s'empressa de se l'attacher
en lui donnant sa fille en mariage.

Une apparence de Cour venait de se former.
Un soldat audacieux s'était assis sur un trône que
la révolution avait rendu comme vacant depuis
plusieurs années, et l'Europe étonnée, cédant à
l'ascendant de la fortune militaire du nouveau
prince, n'avait pas tardé à le reconnaître.

Tous les vieux souvenirs s'étaient empréssés de se rallier autour de cette ombre imposante de l'ancienne monarchie. Les révolutionnaires étaient fiers d'avoir élevé un des leurs sur le pavois impérial. Toutes les têtes s'inclinèrent devant l'heureux capitaine, sur le front duquel l'auréole de l'héroïsme relevait l'éclat du diadême.

Dans ce mouvement nouveau donné à toutes les ambitions privées, M. Decazes, que la révolution n'avait jamais vu parmi ses adeptes, et qu'aucun parti n'avait intérêt à repousser, fut alors vu comme un homme aimable sachant concilier les agrémens d'une société choisie avec les veilles laborieuses que réclamait l'étude.

La nouvelle Cour voulut le connaître. Il y parut avec ce brillant qui tenait autant à son heureuse physionomie qu'à l'aménité de ses manières et à la vivacité de son esprit. Tous les membres de la famille du chef du gouvernement se montrèrent jaloux de se l'attacher.

Le jeune courtisan parut ne pas se dissimuler que cet ordre de choses, créé par la violence militaire et par la fatigue de la nation découragée, avait plus d'éclat que de solidité; il s'isola donc de tous les emplois politiques, se contentant de faire les charmes d'un salon où se trouvait réuni tout ce que la France ancienne et nouvelle avait alors d'illustre. Pouvait-il refuser un emploi purement honorifique dans une Cour que s'empressaient de grossir nos plus grands seigneurs du dernier règne ?

L'événement inattendu de la restauration venait de rendre le trône à la dynastie légitime. L'ambition de M. Decazes aussitôt se dirigea vers la carrière des magistratures, que les auspices des Bourbons avaient, en quelque sorte, rendues à leur antique splendeur. Il fut nommé Conseiller de la Cour royale du département de la Seine. On se souvient encore de la dignité avec laquelle, malgré son jeune âge, il présida les assises en 1814.

Les événemens des cent jours vinrent de nouveau confondre les espérances des bons citoyens.

M. Decazes avait voué toutes ses affections à la cause de l'Auguste Rejetton de S.-Louis. Il opposa l'honneur de son serment au torrent de tous les parjures. Réfléchissez, lui dit le Président de la Cour, sur cette rapidité avec laquelle l'homme du destin vient de traverser la France. « *J'ignorais,* » répliqua vivement le jeune Conseiller, *que la* » *légitimité pût devenir le prix de la course.* »

Pendant cette calamiteuse anarchie *du prétendu siècle des cent jours*, M. Decazes témoigna le desir de se retirer à Vendôme ; il aurait voulu, dans les doux souvenirs de son enfance, trouver une distraction à ces angoisses dont alors son âme loyale était remplie. Le gouvernement lui refusa celle consolation et lui prescrivit de s'éloigner à une plus grande distance de la capitale.

Enfin la Providence prit en pitié notre malheureuse patrie, et lui rendit son Roi légitime.

Le Monarque, de retour dans sa capitale, voulut en confier la police au fidèle M. Decazes. Dès-lors commença la vie politique de cet homme d'état, car il entra presqu'aussitôt au ministère.

A cette époque, rien n'était plus critique que la position politique de la France : nous étions sous l'influence directe de l'étranger, dont les armées occupaient nos frontières.

Hélas ! on n'a point oublié les immenses sacrifices dont l'étranger nous fit payer son accablante protection. Il a constamment refusé de nous faire grace d'un seul jour, d'un seul homme et d'un seul écu. Nous avons dû rester trois années sous les fourches caudines; supporter cent vingt-mille garnisaires qu'il nous avait imposés, et payer ces milliards que sa main avare arrachait à notre indigence.

On ne peut se le dissimuler, pendant ce temps de honte et d'outrages, la France n'eut que le titre honorifique de puissance.

Nos ministres ne pouvaient être alors que de prudens médiateurs entre les intérêts d'un peuple souffrant et désarmé, et les prétentions superbes d'un ennemi abusant de tous les droits d'une victoire qu'il n'avait pas espérée.

La législature et le ministère avaient été momen-
tanément forcés de céder à l'impulsion d'hommes
aigris par de longues infortunes, et qui voulaient
faire servir à leur vengeance la position où se
trouvait leur malheureuse patrie. On avait donc
publié des lois et des ordonnances de proscription; des mesures d'exception avaient suspendu
les garanties bienfaisantes de la charte.

Les hommes de ce parti, aussi imprudens qu'im-
pitoyables, s'étaient emparé de tous les rapports
qui pouvaient exister entre des peuples infortunés
et leur Monarque plus malheureux encore. Aussi,
à l'insu du ministère ou plutôt malgré lui,
on tenait dans les villes comme dans les bourgs
bureaux ouverts de proscription.

Le systême réacteur, porté par le véhicule
toujours actif des ressentimens privés, avait rapi-
dement envahi toutes les classes de la société.

Ce fut au milieu de circonstances aussi critiques,
que M. Decazes débuta dans le ministère.

Il faut que les libéraux aient toute l'ingratitude
des républicains leurs devanciers, pour avoir
perdu le souvenir du courageux dévouement du
jeune ministre, au milieu de ce débordement
de toutes les passions factieuses. Ne l'a-t-on pas
vu se jeter au-devant des fureurs les plus for-
cénées, pour ramener les esprits exaltés à des
sentimens de modération et d'indulgence ? Quels

efforts ne fit-il pas pour faire rentrer dans la sphère légale ces rouages secondaires dont la passion dirigeait tous les mouvemens ? quelle prudence temporisatrice dut-il opposer aux flots d'une fureur qui avait rompu et entraîné dans sa violence toutes les digues constitutionnelles ? que d'issues devait ouvrir la main de la sagesse, pour faire écouler ce torrent proscripteur dont l'impétuosité avait brisé toutes les résistances !

Enfin la constance d'un ministre-citoyen parvint à faire planer la clémence royale au-dessus des lois d'exception ; le cadre des catégories fut brisé ; on saisit la plus légère nuance pour soustraire à la loi ceux des *conventionnels votans* qu'elle avait frappés ; les plus simples apparences d'une soumission respectueuse, suffirent aux bannis pour leur obtenir le terme de leur exil.

L'autorité ne refusa de se laisser fléchir, qu'à l'égard de ceux dont une faction arrogante exigeait insolemment le rappel.

Alors les intérêts politiques de la révolution, cessant d'être menacés, furent élevés au-dessus de toutes les oppositions privées, et l'ordonnance mémorable du 5 septembre vint dissiper toutes les alarmes et consacrer toutes les espérances.

Le but de cette mesure régénératrice étant rempli, on peut, sans compromettre la chose publique, contester aujourd'hui la nécessité de maintenir debout un échaffaudage qui devient inutile, lorsque la stabilité de l'édifice est assurée. On avait alors besoin d'ériger des formes réglémentaires en principes constitutionnels, parce qu'il importait essentiellement de subjuguer, de vive force, une opinion qui s'était rendue maîtresse du sanctuaire de la législation.

Enfin, nous touchons à ce terme si vivement désiré de l'affranchissement de la France, stipulé par le traité du 30 novembre 1815.

L'époque de notre émancipation est celle où la position du ministre devient plus difficile.

Tout était faiblesse dans le gouvernement, et rien n'égalait l'audace des partis; ils sentaient qu'ils pouvaient tout contre un gouvernement qui méconnaissait ses forces, et ne savait tour-à-tour que menacer et fléchir. Ce vice dans le gouvernement tenait à l'essence même qui le constituait.

Jamais l'autorité n'avait eu plus besoin d'être concentrée, et jamais elle n'avait été plus divisée. Les diverses volontés qui la composaient agissant en sens contraire les uns des autres, loin d'être des élémens de force répressive, semblaient autant d'organes des factions différentes.

Tel a été presque toujours le résultat de tout gouvernement où l'unité politique disparaît pour faire place à une espèce de *forme directoriale*.

Je sais qu'on attache au système représentatif l'idée que le ministère régulateur doit être essentiellement collectif. Le génie démocratique qui fait une partie fondamentale de ce système est jaloux de voir la puissance royale n'avoir pour appui que des bases chancelantes.

Alors le pouvoir monarchique, complexe dans son action comme dans les volontés qui le dirigent, a bien moins de force contre l'esprit des agitations populaires. Plus le trône est environné d'entraves, plus sa puissance paraît neutralisée et plus le *représentatif* acquiert de vivacité dans sa partie démocratique. *Malo · libertatem periculosam quam otium servitutis*, ont dit les démocrates ou les libéraux de tous les pays. Mais attache-t-on quelque prix aux loisirs de la paix, aux douces jouissances de la morale religieuse, aux consolations de l'étude, aux richesses de l'agriculture et à la splendeur du commerce ? Alors on bénit le prince dont la puissance a fécondé dans le sein de la patrie les germes de tels bienfaits. On répéte avec les concitoyens d'Auguste et les sujets d'Henri IV : *Deus, ille Deus nobis hæc otia fecit.*

Il me semble que la tranquillité publique devienne le premier besoin d'un état agité par de longues convulsions : aussi *l'unité* dans le gouvernement est la garantie la plus certaine de cette tranquillité.

Je sais que la démocratie, qui voit dans la paix le repos des tombeaux, remue tous les souvenirs de l'histoire, pour y trouver des exemples qu'elle puisse opposer au système d'une prépondérance personnelle; elle se plaît surtout à flétrir tous les principaux ministres, par la dénomination infamante de *favoris*. Elle affecte d'ignorer que c'est sur la personne sacrée du Roi que se trouve déversé tout l'opprobre d'une telle dénomination.

L'impartiale histoire signale-t-elle comme favori, ce grand homme d'etat qui, pendant près de trente années, fit la force et la splendeur du beau règne de l'immortelle Elisabeth ?

Avec quelle vénération ne parle-t-elle pas de cet Oxenstiern, dont le génie tout - puissant fit oublier à la Suède la perte qu'elle venait de faire de son grand Gustave !

Citerais-je, dans nos fastes nationales, ce cardinal d'Amboise, le ministre et l'ami de Louis XII; ce Sully, dont le nom est resté inséparable de celui d'Henri IV; ce Richelieu, dont le ministère fit la fortune du règne mémorable de Louis XIII ? Nous n'avons pas perdu le souvenir de l'heureuse administration de Mazarin, et du sage ministère de Fleury. Hélas ! les derniers temps de la monarchie ne nous ont-ils pas fait connaître quel vide la mort de Maurepas laissa dans le cabinet de son prince? Dès-lors il n'y eut plus de premier ministre proprement dit , et l'administration, cédant à l'influence des opinions nouvelles, fut abandonnée au conflit de volontés divergentes , qui se trouvèrent sans force contre l'audace factieuses des modernes innovateurs.

La question de l'importance monarchique d'un principal ministre, paraît ici se présenter naturellement sous ma plume ; mais je n'aurai pas la témérité de traiter un aussi grave sujet, dans une feuille volante que j'écris comme en courant sur la roue rapide des événemens du jour.

Quoi qu'il en soit , à l'époque de l'évacuation, de notre territoire par les armées confédérées , aucun ministre n'avait une prépondérance décidée dans le Conseil. L'influence de M. Decazes se trouvait restreinte dans la sphère du ministère de la police générale.

Encore même y rencontrait-il des considérations de la nature la plus délicate , d'après lesquelles il devait replier en quelque sorte ses mouvemens et modifier son action.

Je ne citerai pour exemple que ces événemens de Lyon et de Grenoble , dont naguères encore s'occupait l'opinion.

Le ministre ne se trouva-t-il pas circonvenu par des renseignemens fallacieux ? ne dut-il pas céder à des alarmes systématiquement exagérées ?

il était obligé de voir par des yeux qui ne réfléchissaient vers lui les objets qu'en les dénaturant. Il se vit donc forcé de revenir sur ses premiers jugemens, en même temps que de graves motifs lui commandaient la plus pénible réserve sur les personnes et les choses. Il est des circonstances où l'homme d'état doit faire prudemment la part à l'imprudence d'un zèle outré, et à l'irascibilité d'une ambition déçue.

Non, M. Decazes n'était point alors le ministre prépondérant. Une autre influence était en concurrence avec la sienne, et le *Conseil* se trouvait divisé entre deux hommes d'état, compatriotes, anciennement amis, et qui n'ont jamais cessé de s'estimer.

Tous les deux d'une imagination vive, d'une élocution brillante, inspirés par un même sentiment d'affection pour l'auguste dynastie, tendaient également à lier la garantie du trône des Bourbons à celle de nos libertés nationales. Mais ils cessèrent de s'accorder sur le choix des moyens.

Tel est l'inconvénient attaché à tous gouvernemens collectifs. L'harmonie éternelle des mondes serait bientôt troublée, si le ciel se trouvait gouverné par un conseil d'archanges. L'irritabilité de l'amour-propre se manifesterait dans la chaleur de la discussion; ils deviendraient ainsi rivaux passionnés, sans cesser cependant d'être les fidèles serviteurs du Très-Haut. Il faut toujours en revenir à ce vieux proverbe des nations: *Tot capita tot sensus.*

Cette vérité a si généralement frappé l'esprit des peuples, que dans les théogonies les plus brillantes, le suprême Régulateur des mondes a toujours auprès de lui un être privilégié, organe de ses volontés comme dépositaire de sa puissance.

La rivalité entre M. Decazes et M. Lainé partagea le ministère, les chambres législatives et toutes les opinions.

Je pourrais établir un parallèle entre ces deux célèbres rivaux; mais alors j'offrirais un nouvel aliment à ces factions qui s'agitent en ce moment pour rendre la France à ses anciennes angoisses. Je dirai seulement que M. Lainé, redoutant les effets de l'effervescence démocratique, voulut rendre quelque force aux souvenirs de l'ancienne monarchie, pour y trouver un auxiliaire puissant qu'il put opposer aux républicains. M. Decazes, trouvant les plus graves dangers dans la seule tentative de faire rétrograder l'esprit public, parut s'attacher au système d'attacher à la cause royale les opinions populaires, et d'affaiblir ces vieilles préventions qui pouvaient mettre le génie de la monarchie en opposition avec les principes de nos modernes institutions.

L'un voulait briser de vive force les résistances , tandis que l'autre s'en tenait à la seule voie de la persuasion.

Le premier , abhorrant autant que son rival les mesures acerbes et les *catégories* de 1815, croyait que l'esprit de cette époque, dépouillé de sa violence , pouvait donner un caractère plus énergique à la monarchie constitutionnelle; le second , aussi jaloux de maintenir la puissance du trône , craignait de la voir compromise par le zèle imprudent et les prétentions exagérées de ceux qui s'en disaient exclusivement les défenseurs et le amis. M. Lainé , se rapprochant des hommes de 1815, consentait à leur abandonner l'ordonnance du 5 septembre et la loi des élections dont ils réclamaient si vivement le sacrifice ; M. Decazes, croyant que les prérogatives du trône ne pouvaient, sans s'avilir, céder à tout ce qui paraissait tenir à l'esprit d'une faction , refusa toute transaction avec les prétentions d'un parti qui portait une main audacieuse sur l'initiative constitutionnelle de la couronne. Il savait qu'on ne peut compromettre les garanties du trône , sans mettre également en danger les libertés nationales.

Cette scission dans le Conseil ne pouvait être plus long-temps prolongée ; enfin le Roi dut opter entre M. Decazes et M. Lainé , et le premier l'emporta décidément sur son rival.

L'influence de M. Decazes dans le Conseil, parut prépondérante ; cependant c'est de cette époque que datent les plus grands dangers de sa position.

Les *libéraux*, qui regardaient son triomphe comme leur ouvrage, vinrent lui en demander le salaire ; ils lui devaient leur réhabilitation politique ; M. Decazes les avait en quelque sorte légitimés dans le sein de la monarchie ; enfin il leur avait ouvert le refuge des lois contre les poursuites de l'arbitraire. N'ayant plus d'autre obligations à remplir que celles de la fidélité, ils pouvaient désormais prétendre à tous les emplois. Mais ces hommes éternellement exclusifs se croyent dans l'oppression lorsqu'ils n'ont pas le pouvoir sous leurs pieds, et se regardent comme proscrits lorsqu'ils ne voient pas à leur entière disposition la hache des proscriptions.

Le ministre n'a rien fait pour eux, tant qu'il reste une seule de leurs prétentions à satisfaire.

Que leur importe le sourire de sa protection, c'est le partage de sa puissance qu'ils réclament.

Ne les a-t-on pas vu successivement accuser et envoyer à l'échaffaud *leur Clavières, leur Pache* et *leur Roland*, parce qu'ils étaient tout surpris que des ministres, leur propre ouvrage, essayassent de s'affranchir de leur infamante tutelle.

Pendant cette agitation des libéraux, les partisans

de l'ancienne noblesse, cherchant à rattacher leurs espérances à de nouvelles chances de succès, opposaient toutes les attroces horreurs du passé à ces abstractions désorganisatrices, reproduites par les républicains.

Au milieu de ces murmures, de ces plaintes et de ces réclamations, l'opinion flottait dans le vague de l'incertitude. Chaque faction espérait le triomphe, parce qu'elle ne rencontrait dans aucune faction rivale assez de force pour l'asservir. Les discussions publiques n'étaient plus que le choc violent de passions acharnées les unes contre les autres. La tribune et le forum présentaient l'image de ces arènes scandaleuses, où les combattans regardaient comme légitimes tous les moyens de s'assurer la victoire.

Le vertige de la faction s'était même répandu jusque dans le sein du sacerdoce.

On perdit de vue l'auguste simplicité d'une religion sainte, qui ne veut descendre dans les consciences que pour y porter les douceurs de la paix et les consolations de l'espérance. On n'offrit plus aux peuples que des pratiques superstitieuses, qui pussent réveiller les haines, ranimer les vengeances, et alarmer les esprits faibles. On ne réunit plus les fidèles dans l'enceinte des temples, pour leur parler d'un sage crucifié, pardonnant à ses bourreaux et priant pour ses persécuteurs. On entraîna sur la place publique des populations entières, pour remettre entre leurs mains les ossemens de leurs pères, et les appeler à la vengeance.

D'un autre côté, la philosophie, saisissant tous les avantages que lui présentaient les écarts d'hommes imprudens, dont le zèle n'était pas selon le véritable esprit évangélique, enveloppa tous les missionnaires dans ses injurieux anathêmes : le scandale fut porté dans le sanctuaire; la diffamation ne respecta aucun de ses ministres. On environna de ridicules, ces hommes simples, qui, modestes dans leur extérieur comme dans le titre qu'ils se donnent, se vouent avec la plus sainte abnégation à l'instruction élémentaire des enfans de l'indigent.

Quelle calomnie absurde n'a-t-on pas deversé sur *les Pères de la foi*, qui ont le noble orgueil de se porter pour héritiers de ces congrégations enseignantes, auxquelles la France littéraire du dernier siècle a de si précieuses obligations ? On ne doit pas être surpris de l'acharnement des libéraux contre l'institution de *Saint-Acheuil*. Elle ne fait que de naître, et déjà elle éclipse ces fameuses institutions qui, sous la direction de prêtres mariés, ou de vieux républicains, semblent spécialement adoptées par la faction de nos intolérans philosophes.

Que le ministère devient une mission délicate , lorsqu'il se trouve assailli par cette fluctuation d'opinions opposées qui se combattent à outrance!

Il applanirait peut-être bien des obstacles , s'il avait le courage de s'élever à cette dictature de quelques instans , à laquelle tant de peuples célèbres , et de républicains ombrageux , ont attaché le salut de la patrie , lorsque l'animosité de factions rivales l'avait mise en danger.

Rome fit taire l'autorité de ses lois et de ses magistratures , lorsqu'elle chargea ses décemvirs de lui donner des institutions qui pussent convenir à ses habitudes locales , à ses principes politiques , à ses mœurs nationales , et à ses maximes religieuses.

Licurgue, dont les libéraux ne peuvent recuser le témoignage , s'empara de la toute - puissance parmi ses concitoyens , afin de les soumettre au joug de ces lois qui devaient garantir leur indépendance politique. Déjocès , avant d'être le législateur des Mèdes , commença par réduire de vive force au silence tous les partis, qui depuis un demi-siècle déchiraient le sein de cette nation jusqu'alors avilie et malheureuse.

Dans quelles circonstances l'institution monarchique a-t-elle eu plus besoin d'un plus grand développement de force et d'activité ?

Car ce n'est plus seulement en France que les

élémens sociaux tendent vers la dissolution : les miasmes pestilentiels de la démocratie infectent en ce moment presque tous les peuples de l'Europe.

Partout, aujourd'hui, l'esprit monarchique s'altère et ses heureuses illusions s'affaiblissent.

On a rompu cette chaîne d'idées intermédiaires, sans lesquelles l'esprit humain ne peut être persuadé qu'un seul membre de la cité doive être plus fort que tous ses concitoyens réunis.

On désavoue cette fiction hardie, par laquelle tout un peuple fait abnégation de ses forces, pour les concentrer dans la puissance d'un seul homme. Après s'être glorifié de ses sacrilèges envers la religion, on s'honore de ses blasphêmes contre les mystères de la politique. Le sanctuaire de la monarchie est profané, ainsi que celui de la divinité.

Lorsque le *saint des saints* est ainsi livré à l'indiscrétion de la multitude, la magie du culte ne tarde pas à disparaître, et les dogmes bientôt ne paraissent plus que des fables, dont le vulgaire se rit.

Il en est ainsi lorsque le sanctuaire de la monarchie est envahi, des mains factieuses en ayant déchiré le voile auguste. Alors le prince réduit à sa stature individuelle, ne paraît plus qu'un homme ordinaire.

Comment peut-il, sous un tel aperçu, imposer le respect et commander l'obéissance ?

Tous les ressorts de la morale monarchique se détendent ; les lois constitutives perdent leur harmonie, et l'ordre social disparaît devant le chaos de l'anarchie.

Tels sont les résultats de cet imprudent système qui livre aux vagues aberrations d'une discussion toujours orageuse, des institutions et des prérogatives légitimées par l'heureuse expérience et l'assentiment d'un grand nombre de générations.

Napoléon, s'élançant sur le pavois triomphal, a voulu réédifier, en son honneur, le temple de la royauté. Mais les matériaux d'un tel édifice doivent être lentement façonnés par la main du temps, et non remués au hasard par l'épée victorieuse d'un soldat, qui prend ses caprices hautains pour les sages inspirations d'une législation réparatrice.

L'impérieux Napoléon se crut réellement l'apôtre de la royauté, parce qu'il déplaça tous les trônes et qu'il sema les emblèmes avilis de la monarchie sur tous les points de ses conquêtes. Mais en peuplant de nouveaux rois ses antichambres, il jeta sur tous les trônes une déconsidération dont les effets se reproduisent dans cette agitation qui compromet en ce moment la destinée de tant de nations.

Dans l'âge heureux de la monarchie, un système mystérieux, tenant à des usages antiques, voilait en quelque sorte, dans la personne des rois, tous les signes de notre humaine faiblesse. Le peuple, assimilant son prince à la divinité même, croyait n'être fort devant ses ennemis qu'autant qu'il déposait toute sa puissance entre les mains de cet être privilégié. Rien ne manquait à la plénitude de l'ambition du monarque, afin que la violence devenant pour lui sans motif, et l'injustice sans objet, il n'eût de nouvelles jouissances à chercher que dans l'exercice de la clémence et dans l'expansion de la bonté. *Jupiter optimus quia maximus*, disaient les anciens qui, dans leur judicieuse mythologie, avaient trouvé le véritable talisman du bonheur public.

En décomposant pour ainsi dire le prisme de la royauté, on lui fait perdre ce caractère divin que l'opinion publique prêtait à ses couleurs primitives.

Ces imprudens effets deviennent encore plus sensibles lorsqu'on multiplie ce prisme mystérieux et qu'on l'approche de trop près des basses régions de la société politique.

Tous ces grands événemens qui, depuis trente ans, ont remué le sol de l'Europe, et changé sa surface, ont agi trop vivement sur la royauté pour ne pas en avoir altéré l'essence. Les élémens de la démocratie ont posé sur les trônes et les ont presqu'abaissés au niveau du sol fangeux de la place publique.

Que de rouages, que de leviers sont nécessaires pour faire remonter la royauté vers ces régions éthérées, dont l'éclat éblouit les yeux du vulgaire et commande son admiration et ses respects !

Naguères encore, des têtes couronnées tombaient sous la hache des bourreaux, ou étaient livrées à des exécutions militaires. Des rois, fatigués sous le poids d'une fortune contraire, abdiquaient, tandis que d'autres étaient *destitués* comme des lieutenans subalternes. Que de monarques déchus traînent encore aujourd'hui, en fugitifs, dans les diverses parties du monde, le titre auguste de *roi*, afin de révéler à toutes les nations le secret de ces vicissitudes humaines attachées à la personne comme à la fortune des princes !

Les souverains de l'Europe peuvent-ils regarder comme entièrement raffermies les bases de leurs trônes, après ces violentes secousses qui les ont fait chanceler pendant un si long temps ?

Le sentiment d'un péril commun les a donc réunis, et le pacte de la Sainte-Alliance se trouve opposé aux ligues des révolutionnaires.

Il est passé cet âge d'or de la royauté, où les princes ne voyageaient que de palais en palais, n'entendaient qu'à la chasse le sifflement des balles meurtrières et ne connaissaient personnelle-ment la guerre que dans de brillans camps de parade.

Ils savouraient alors dans une voluptueuse in-curie tous les délices de la grandeur suprême, n'apparaissant par rares intervalles à leurs peu-ples émerveillés, qu'au milieu du pompeux appa-reil de la magnificence.

Aujourd'hui, c'est en *actifs et laborieux com-pagnons* qu'il leur faut faire le métier de roi. Toujours à cheval, ils se multiplient en quelque sorte, pour se trouver en personne partout où la puissance souveraine est en péril. On les voit en toutes saisons, courir de provinces en pro-vinces, de capitales en capitales, bravant l'in-tempérie des climats, pour convoquer et tenir des congrès.

Princes et peuples, vous ne pouvez donc vous dissimuler cette effrayante vérité, que le trône est encore en danger, et que de nouveaux et de puissans moyens doivent être dirigés contre les audacieux efforts de la démocratie.

C'est de la France surtout, que l'Europe semble attendre l'exemple d'une courageuse résistance aux maximes aussi séduisantes que perfides de ces libéraux qui, sous d'autres dénominations, s'a-gitent également en Angleterre comme en Alle-magne, en Pologne comme en Espagne.

Quelle immense solidarité pèse donc sur le gouvernement français ! sa position est d'autant plus difficile, qu'environné de factions hostiles, de ressentimens ulcérés et d'animosités implaca-les, il n'a d'appui que dans la sagesse du plus patient, du plus noble et du plus généreux des monarques.

Tous les partis veulent en quelque sorte prendre le trône d'assaut pour en diriger les foudres contre leurs adversaires ; chaque faction se disant la majorité, identifie les échos de ses fureurs avec l'expression de l'opinion publique.

Nous sommes les plus forts en nombre, en vertus, dit-on à droite : comptez-nous, s'écrie-t-on à gauche, nous remplissons toutes les légions, nous peuplons les villes et les campagnes, le sénat, les tribunaux et les académies, enfin nous sommes en majorité jusque dans le conseil du prince.

Gardez-vous de ces hommes de sang qui veulent ramener les rêves de la république, et les saturnales de 93 ; tel est le manifeste des *ultra-royalistes* : celui des *libéraux* est non moins violent ; les institutions monarchiques doivent nous rendre la dîme, la corvée et toutes les vexations du règne féodal.

Placé entre des passions également exaspérées, le ministère, comme en 91, compromettra-t-il de nouveau les destinées de la monarchie, en acceptant l'alliance honteuse que lui offre chaque parti.

Le *Conservateur* et la *Minerve*, ces manifestes périodiques des deux factions belligérantes, n'épuisent-ils pas les paradoxes les plus spécieux pour menacer le ministère d'une chute prochaine, si, continuant à s'isoler au milieu des partis, il les oblige à réunir leurs communs efforts pour accélérer sa ruine.

Je vais essayer d'avoir raison contre MM. Château Briant et Benjamin Constant; et c'est le témoignage toujours imposant de l'histoire que je veux opposer à ces robustes adversaires.

Que devint le dernier des Valois qui, pressé par la ligue et la fédération protestante, crut sauver l'autorité royale en la fortifiant du parti des Guises?

L'infortuné Louis XVI neutralisa-t-il les fureurs de la révolution, en se livrant à sa merci et en souscrivant à toutes les innovations?

Charles Ier., dit-on, tenta de résister à force armée à son parlement séditieux; cependant il fut contraint d'abandonner son trône et sa tête aux prétentions et à la vengeance du parti victorieux : mais le malheureux prince, au lieu de faire peser également la force des prérogatives royales sur les deux factions qui se déclarèrent une guerre à outrance, eut l'imprudence de faire cause commune avec l'oligarchie. Vaincue, elle l'entraîna dans sa chute.

Charles, II son successeur, formé à l'école de l'infortune , sut forcer à l'obéissance les Whigs et les Torys en reprimant la turbulence ombrageuse des uns et les prétentions exagérées des autres. Il laissa mourir paisiblement dans le sein de sa famille le fameux Lambert , devenu sujet soumis et repentant; mais il sévit avec rigueur contre le fougueux Vannes et le factieux Sidney. Par ce même système d'énergie contre toutes les dissidences, il exila Clarendon qui, faisant trop valoir d'anciens services , voulait faire la loi à son maître jusque dans le sein de son conseil privé.

Une administration aussi sage rendit au trône tout l'éclat de son ancienne puissance; aussi , après la mort de Charles, son frère, éloigné du royaume par des actes solemnels, ne vit aucun obstacle s'opposer à son avénement. Le développement hardi de toutes les prérogatives constitutionnelles de la couronne comprimait toutes les résistances , et les principes du système monarchique s'étaient enfin asservi l'opinion.

Jacques II aurait ainsi transmis paisiblement le sceptre à son fils, si cet imprudent monarque ne se fût cru roi qu'autant qu'il assurait le triomphe de son ancien parti : aussi son règne ne fut pas de longue durée, et la déchéance irrévocable de sa dynastie fut le résultat mémorable de son administration inconsidérée.

Lorsque les partis ont une action avouée dans l'état, il n'y a plus de gouvernement, et le prince passivement soumis à toute l'influence des mouvemens factieux n'est plus *qu'un malheureux martyr de la royauté*. Si le parti dont il a dû se faire le chef, s'élève sur les ruines de la faction rivale, le monarque se voit sous la tutelle insolente de ceux dont il vient d'assurer le triomphe; dans la chance contraire, il subit toute l'humiliation de la défaite.

Henri IV sut conquérir sa couronne sur toutes les factions qui voulurent s'opposer à ses droits héréditaires, ou partager sa puissance.

Sa politique hardie, dirigée par la sagesse de Sully, fit taire toutes les dissidences; imposant silence aux prétentions exagérées des huguenots, ses vieux compagnons, il ne se laissa point intimider par les forfanteries des ligueurs; appaisant les clameurs des uns, il dissipa les soupçons des autres. Enfin sa clémence ne fut jamais contestée, quoiqu'il laissât mourir en exil les plus exaltés des *seize*.

Si l'histoire du Danemarck était plus familière à nos politiques français, je citerais ce Frédéric III qui, pressé d'un côté par une noblesse ambitieuse, et de l'autre par une ombrageuse bourgeoisie, fut réduit à voir son pays livré sans défense aux armées envahissantes du conquérant suédois. Ne prenant alors conseil que de son audace, il médita la ruine de ces principes anarchiques, qui, neutralisant l'action du prince, avaient si souvent compromis l'indépendance du royaume. C'est alors qu'eût lieu cette mémorable révolution de 1660, qui força tous les intérêts privés à s'unir pour toujours aux garanties royales : le Danemarck doit à ce grand événement cette longue prospérité que l'Europe lui envie depuis bientôt deux siècles.

Pourquoi ne dirais-je pas un mot de ce Gustave III, dont la mémoire ne cesse pas d'être chère à la Suède, malgré la révolution récente opérée contre son fils et sa dynastie ? A son avénement, Gustave sentit avec l'indignation d'une âme véritablement royale et généreuse le joug humiliant qu'un sénat orgueilleux avait imposé aux faibles successeurs de l'héroïque Charles XII.

La Suède, qui si long-temps avait été l'arbitre de l'Allemagne, la puissante alliée de la France et la terreur de la Russie, avait perdu au dehors toute considération ; elle laissa partager la Pologne, sans paraître se rappeler qu'elle avait autrefois donné des rois à cette grande contrée. Gustave, d'une main hardie osa replacer son trône sur les bases monarchiques fondées par le grand Gustave Vasa, et la Suède reprit bientôt son ancien rang parmi les puissances. Ses escadres portèrent l'effroi jusque dans le palais de Catherine, et son prince devint le chef de cette ligne de rois qui se *croisèrent* contre notre révolution naissante.

Français, ce n'est point par l'appui d'une faction que votre gouvernement doit développer cette puissance tutélaire qui doit vous mettre à l'abri de nouveaux orages politiques ; c'est du bonheur de la nation que le gouvernement attend ses plus fermes garanties ; c'est dans les intérêts publics que le trône trouve sa grandeur et son entière sécurité. Tout ce qui s'est constitué *parti* en France, soit à *droite*, soit à *gauche*, tient essentiellement à une force dissidente autant opposée à la paix publique et aux droits de la nation, qu'elle se trouve ennemie des augustes prérogatives du monarque.

Contemplez l'aveugle fureur et l'exaltation furibonde de nos deux factions rivales, réclamant chacune les faveurs exclusives du ministère. Toutes deux le signalent commé complice des excès dont elles s'accusent mutuellement, parce qu'il essaie de faire entendre sa voix conciliatrice au milieu des vociférations dónt elles font retentir tous les échos de l'opinion. Ecoutez les gens de la *droite* : le gouvernement conspire contre lui-même avec les libéraux. A la *gauche*, on vous crie : les intérêts de la révolution sont sacrifiés aux souvenirs de l'ancienne monarchie.

L'incohérence de ces divagations factieuses, ne devient-elle pas une preuve que le ministère n'a d'autre système que d'éteindre toutes les haines et d'imposer silence à tous les vieux ressentimens.

Les factieux des deux côtés doivent se montrer surtout en opposition évidente contre un ministre qui, jaloux de la gloire personnelle du prince, veut que sa puissance absorbe tous les partis, afin que sa clémence inépuisable soit l'objet de nos bénédictions, et que son nom soit inséparable de tous nos vœux.

Le prince ne veut plus d'enthousiasme que pour le maintien de la concorde entre tous ses sujets ; il tient pour suspect tout le zèle qui n'est pas selon cet esprit de modération dont il nous a naguères encore parlé le langage avec toute l'onction de l'affection paternelle.

C'est donc le parti national des modérés que le Monarque veut rallier autour de son trône ; il sait que c'est par ce tiers-parti que se terminent toutes les révolutions.

Ce parti, toujours ennemi de l'exaltation comme il est toujours en garde contre l'enthousiasme, se compose aujourd'hui de révolutionnaires repen-tans, de républicains désabusés, et de tous ceux qui desirent voir les institutions populaires de la révolution se fondre par un heureux alliage dans les institutions pacifiques de l'ancienne monar-chie.

Les citoyens de ce *tiers-parti* sont autant contraires au zèle indiscret de certains *missionnaires,* qu'au cynisme blasphêmateur des *prêtres mariés.* Ils ont également en horreur les catégories de 1815, et les proscriptions de 1793 : ils ne veulent pas plus les dîmes, les corvées, et les livrées avilissantes de la féodalité, que les saturnales des jacobins, et la fastueuse égalité des anciens *bonnets rouges.*

Ces hommes de paix desirent enfin voir leur patrie reprendre son rang parmi les puissances du premier ordre. Ils savent apprécier ces vaines théories dont toutes les chimères s'évanouissent devant le flambeau de l'expérience.

Ils reconnaissent la main-impitoyable du temps, qui a démasqué ces jongleurs politiques, toujours impatiens du joug comme ils sont avides du pouvoir ; ils cessent enfin d'être dupes de ces *hommes-principes*, qui spéculent de nouveau sur le rôle de tribun pour se faire porter par la faveur populaire sur la chaire curule, et gouverner par la terreur le conseil privé du prince.

Oui, l'opinion repousse ces hypocrites démocrates, qui s'appitoyent sur les malheurs publics en se passant tour-à-tour la coupe joyeuse des festins. On sait qu'ils ne plaident pour les chaumières que pour s'acheter des palais somptueux. Personne n'ignore qu'ils laissent à la tribune leur sensibilité de parade pour s'environner , dans leurs salons récemment dorés , de toute la morgue de *Turcarets* insolens.

Voyez le teint fleuri et les airs musqués de ce Mondor, qui consent à s'affubler de nouveau de ce manteau philosophique qui fit sa fortune dans les premiers troubles de notre révolution.

Les bons principes reviennent en vogue : les brillantes théories reprennent de nouveau crédit , il faut donc revenir à son petit bagage d'idées populaires , pour conserver une baronnie improvisée et tenter les chances d'une plus haute fortune.

Ne perdons pas de vue ce *Timante* au cou penché, au teint bilieux et cachant sa taille étique sous un pourpoint déchiré. Ce n'est pas sans de grandes espérances qu'il descend de son galetas et prend sa place dans le coin d'un journal ou d'un pamphlet. C'est ainsi que l'approche d'une tempête appelle l'oiseau sinistre qui, toujours précurseur de l'orage, fend la nue et rase les flots de l'océan, parce qu'il espère y trouver une proie facile à dévorer.

Français , qui desirez voir enfin se terminer en paix une révolution à jamais signalée par de si longues convulsions ; j'en appelle au souvenir de vos souffrances passées. Voudriez-vous étayer vous-mêmes les tréteaux de nouveaux **charlatans**

politiques qui pleurent d'office sur les malheurs
de la patrie , pour se faire un nouveau patrimoine
de leur ambitieux civisme.

Au lieu d'offrir de nouvelles dépouilles à de
fallacieux orateurs , ralliez-vous autour du prince
qui ne peut être riche que de la prospérité na-
tionale.

Environnez de toute votre confiance les institutions par lesquelles il veut mettre un terme à
cet état d'agitation où vous êtes depuis 1815.
Comme législateur suprême , il desire compléter
son *ouvrage constituant* , en donnant des racines
plus profondes aux libertés nationales. Que les
accusations des royalistes exagérés vous prouvent
combien sont libérales les vues du prince , et
que les vociférations des révolutionnaires vous
fassent connaître tout ce que vous avez encore à
redouter de la turbulence des agitateurs. Surtout ,
n'oubliez pas qu'un gouvernement qui cherche à
s'affermir , tend toujours à la popularité. Gardez-
vous de justifier ce proverbe créé par le des-
potisme : *Qu'un prince , à moins qu'il ne jouisse
d'une puissance non contestée , ne peut être
impunément populaire.* Nous le savons , il n'est
pour les gouvernemens qu'un pas de la patience
à la faiblesse , de la faiblesse au mépris , et
du mépris à la dégradation.

-- Il nous faut donc encore le répéter : *Jupiter*

optimus quia maximus. Si nous voulons que la royauté nous protége , élevons sa tige tutélaire au-dessus de toutes les oppositions. Comment pouvoir réclamer son appui, si , se trouvant isolée dans l'état social, elle est réduite à ne s'occuper que de sa propre défense contre tous ces élémens ennemis qui se réunissent pour neutraliser ses mouvemens , avilir son action et provoquer sa ruine.

Français ! il est une accusation surtout , que vos tribuns se plaisent à reproduire sous mille formes différentes contre la pensée intime du monarque. Je ne puis terminer cet écrit sans essayer de vous en démontrer l'absurdité.

Vos charlatans de tribune supposent que le monarque ne peut être fort que par la toute-puissance de cette noblesse dont son trône se trouve environné.

Comment peut-on concevoir que la royauté qui renaît, en quelque sorte, de ses cendres, puisse chercher un dangereux appui dans une aristocratie qui ne fut jamais l'auxiliaire du prince , sans vouloir s'associer à ses droits., et lui imposer le joug des prétentions les plus ambitieuses ?

Ceux qui craignent une alliance intime de la royauté avec l'oligarchie, prouvent la plus entière ignorance dans la science du pouvoir.

Si les grands se montrent opposés aux libertés

dé la nation, ils n'en sont pas moins les éternels et redoutables ennemis de la puissance du prince.

Qui mit en tutelle les rois des deux premières races? Qui dicta l'humiliante charte d'Andelys, par laquelle Clotaire II se vit à l'entière merci de ses barons? Qui jugea et fit si cruellement éxécuter l'infortunée Brunehaut? Qui dégrada la royauté dans la personne du fils de Charlemagne? Qui déposa Charles-le-Gros? Enfin, qui rendit irrévocable la déchéance de la seconde dynastie?

Contre qui cherchèrent des garanties, Louis IX par ses immortels capitulaires, et Philippe-le-Bel en faisant entrer les fidelles communes dans le parlement de la nation?

Qui troubla et bouleversa la patrie, pendant la captivité de *Jean-le-Bon* et l'aliénation mentale de Charles VI? Qui chassa de sa capitale Charles VII, signa l'infamant traité de Troyes, et fit asseoir un prince étranger sur le trône de nos rois?

Contre qui Louis XI tenta-t-il cette dangereuse et mémorable révolution, qui *mit enfin les rois hors de page*?

Ne sait-on pas quels furent les moteurs, les chefs et les capitaines de ces longues guerres religieuses, qui faillirent faire de notre belle patrie un province espagnole?

Après avoir vaincu la ligue, sous quelles mains succomba notre bon Henri IV? N'est-il pas devenu historiquement hors de doute, que d'illustres conspirateurs, ayant pour complice une épouse aussi jalouse qu'ambitieuse, armèrent le bras obscur d'un fanatique, pour venger, par l'assassinat du plus grand des rois, le juste supplice d'un seigneur factieux, dont les trahisons continuelles avaient fatigué la clémence royale ?

Qui défendait les remparts de la Rochelle contre les troupes de son prince ? Qui fit flotter les étendarts de la révolte dans les plaines de Castelnaudari, devenues si fameuses par la mort d'un prince du sang victorieux contre son roi?

Qui chassa Louis XIV, encore enfant, de sa capitale ; mit la tête à prix de son principal ministre ; poussa successivement Turenne et Condé dans la révolte ? Enfin, qui répandit tous les scandales du vice, de la dépravation et de l'impudente concussion, sur cette époque de la régence, où se manifestèrent les premiers symptômes de la dissolution de notre système politique ?

J'arrête mes regards investigateurs, car déjà je touche à l'origine de notre révolution, et je verrais de grands noms se confondre dans mes véhémentes accusations.

Oui, les princes, surtout les rois de France, ne peuvent impunément chercher des moyens de force dans le développement des principes de l'oligarchie ; ils ne doivent pas ignorer que les libertés publiques et les intérêts de la nation sont les garanties les plus certaines de leurs prérogatives.

O mes concitoyens ! fiez-vous donc à votre prince, lorsqu'il vous tend sa main royale pour vous présenter les institutions organiques qui doivent applanir tous les obstacles à la paisible exécution de notre charte constitutionnelle.

Royalistes ! seuls parmi les bons Français resterez-vous dans l'inaction, lorsque le trône se trouve menacé par les vagues écumantes de la démocratie ? Non ; vous ne rappelerez vos anciennes souffrances que pour faire connaître que votre noble dévouement reste inépuisable.

Si vous êtes *les hommes fidèles*, applaudissez à votre Roi, lorsqu'il veut, à force de bienfaits, conquérir l'affection de ceux qui si long-temps furent déclarés contre lui.

Sachez qu'un zèle aussi noble que désintéressé, peut seul rendre leur antique splendeur à vos noms anciens, que l'illustration moderne de noms nouveaux vient d'éclipser.

Vous compromettez bien imprudemment l'honneur de vos parchemins, en rappelant trop souvent des souvenirs qui commencent à se perdre dans la nuit des temps ; tandis que l'âge présent est tout éclatant de prodiges auxquels vous êtes restés étrangers.

Une noblesse qui n'existe plus que sur des titres surannés, peut-elle soutenir la concurrence avec un patriciat nouveau, dont la main audacieuse de la victoire a gravé les armoiries immortelles sur les remparts humiliés de toutes les capitales de l'Europe? L'opinion peut-elle être incertaine entre un héroïsme qui n'existe plus pour nous que dans l'histoire, et celui que nous avons vu naître, et qui nous inonde de tous les rayons de sa gloire?

Les Leudes qui triomphèrent à Tolbiac; les chevaliers dont s'environnèrent Philippe-Auguste à Bovines, Louis IX à Massoure, et François Ier à Marignan; enfin les héros de Lens, de Denain et de Fontenoy, firent un grand honneur au nom français : leurs petits-fils doivent être fiers de tels aïeux.

Mais les héros de Jemmapes, de Fleurus, de Lodi, de Marengo, d'Iena, de Friedland, d'Austerlitz, de la Moscowa et de Lutzen, sont encore au milieu de nous; nous comptons ainsi parmi nos concitoyens, des guerriers égaux en illustration à ces personnages dont les noms se lient aux plus mémorables époques de notre histoire. Fils de nos anciens héros, levez-vous avec respect devant ces héros modernes, qui viennent de reproduire pour nous ces illustres aïeux dont aujourd'hui vous êtes si encore fiers.

Neveux des Montmorency, descendans des

Villars., donnez la main aux fils des Wagram et des Montebello; entrelacez le trône dans vos nobles étreintes ; ralliez à vous tous les véritables Français, et formez avec tous les amis de la paix et de la prospérité publique, un *tiers-parti*, dans lequel l'Héritier d'Henri IV retrouve sa France toujours fidelle et toujours dévouée.

POSTSCRIPTUM.

Cet écrit devait paraître dans la première quinzaine de février, des causes relatives à quelques détails d'imprimerie en ont retardé jusqu'ici la confection typographique.

Dans cet intervalle, est survenu l'affreux attentat du 13....

Famille infortunée des Bourbons, que le sol de la France doit te paraître dévorant !

Royalistes, c'est la voix du sentiment qui doit vous rallier aujourd'hui autour du plus infortuné des monarques : abjurez enfin ce titre d'*ultra* qui vous met en opposition avec l'autorité de votre prince.

Isolez-vous avec indignation de ces *énergumènes en panache blanc et de ces Marat fleurdelisés*, qui se sont jetés dans vos rangs pour y porter le trouble et la discorde.

Entrelacez vos bras fidèles et dévoués pour soutenir le trône que le torrent de l'anarchie menace d'entraîner. Cessez enfin de séparer le prince de la royauté, et de crier *vive le roi quand même*, pour vous donner le droit de l'attaquer dans son principal ministre et dans les dépositaires spéciaux de sa puissance.

— Je me proposais de garder l'anonyme en publiant cet écrit ; mais M. le duc Decazes cessant d'être à la tête des affaires, je l'avoue et le signe.

V. H. BARBET.